MISHA, LA CACHORRA VIAJERA

AUSTRALIA

APULEYO EDICIONES   FOMENTO DE VALORES   CUENTOS ILUSTRADOS

EL MUNDO

¡Hola! Me llamo Misha.

Soy la cachorra viajera de España.

Para conocer el mundo ven conmigo.

¡Hay tantos lugares por ver contigo!

AMÉRICA
DEL NORTE

EUROPA

ÁFRICA

AMÉRICA
DEL SUR

ASIA

AUSTRALIA

ANTÁRTIDA

¡Hola, amigos!
Vamos a Australia
a buscar a Rusta. ¿Puedes
enseñarme dónde está
Australia en el mapa?

Misha y Perla buscan a Rusta.

Rusta es la hermana gemela de Perla y vive en Australia.

Misha y Perla comienzan la búsqueda en el puerto de Sydney.

"¿Has visto a Rusta?", Misha le pregunta a un simpático canguro.

"Rusta fue vista por última vez en el Bush",
dice el canguro. "Te llevaré allí".

Misha y Perla están en el Bush.

A Misha le encanta el fresco aroma de los árboles de eucalipto.

Perla pregunta a un koala mimoso si sabe dónde está Rusta.

"Rusta se fue al Outback", dice el koala.

El cucaburra, riendo, dice:

"¡El Bush era demasiado caliente para Rusta!".

Misha y Perla están en el Outback.

Le preguntan al emú si ha visto a Rusta.

"Rusta se fue a la selva tropical", dice el emú.

Perla se entristece. "Nunca encontraremos
a Rusta", dice, llorando.

En la selva tropical, Misha le pregunta a la rana arborícola gigante
si ha visto a Rusta. "Rusta se fue de la selva tropical", dice.
"Se fue a nadar a la Gran Barrera de Coral".
"No te preocupes, Perla", dice Misha.
"Encontraremos a Rusta en el arrecife".

Misha y Perla llegan a la Gran Barrera de Coral.
Se ponen las gafas de protección y los trajes de baño.
Y se dan un baño en el agua clara y cálida.
"¿Habéis visto a Rusta?", pregunta Misha a las tortugas.

Finalmente, Misha y Perla encuentran a Rusta. ¡Hurra!

Las hermanas gemelas están muy contentas de estar juntas.

Todos disfrutan de la hermosa playa.

Misha está cansada y se echa una siesta.
Sueña con la próxima aventura.

ANIMALES INSÓLITOS DE AUSTRALIA

Equidna

Los equidnas tienen espinas en el cuerpo y ponen huevos. Cuando se asustan, se hacen un ovillo. La lengua de los equidnas es muy larga y pegajosa, lo que les ayuda a atrapar hormigas para comérselas.

Zarigüeya

En Australia, una zarigüeya chica se llama "Jill" y una zarigüeya chico se llama "Jack". Las zarigüeyas se cuelgan boca abajo para limpiar sus bolsas.

Ornitorrinco

El ornitorrinco tiene el pico de un pato, patas palmeadas y un espeso pelaje impermeable. Viven en madrigueras cerca de los ríos y pueden sobrevivir dentro y fuera del agua. El ornitorrinco es uno de los animales más insólitos que existen.

Emú

Los emúes son las segundas aves más grandes del mundo. Pueden llegar a ser más altos que un hombre. Cuando los emúes tienen crías, es el papá emú el que se sienta en el nido y se queda con los polluelos hasta dos años.

Wombat

Un wombat se parece un poco a un oso, y su pariente más cercano es el koala. Parecen pesados y lentos, ¡pero pueden correr tanto como una persona!

RUIDOS DE ANIMALES AUSTRALIANOS

Cucaburra

Las cucaburras son famosas por su singular llamada, que suena como una carcajada.

"He, he, he. Ha, ha, ha. He, he, he". ¿Puedes hacer un sonido como el de una cucaburra?

Hay tres cucaburras en el cuento. ¿Puedes encontrarlos?

Varano Arborícola

Los varanos arborícolas son parientes del Dragón de Komodo.

Si se asustan, las varanos arborícolas pueden levantarse sobre sus patas traseras, mostrar aletas en el cuello y emitir un siseo.

En el cuento hay tres varanos arborícolas. ¿Puedes encontrarlos?

Geco

Los gecos son lagartos muy charlatanes. Se comunican con chirridos, gorjeos y chasquidos.

Hay un geco en el cuento. ¿Puedes encontrarlo?

CRÍAS DE ANIMALES AUSTRALIANOS

Muchos animales australianos únicos tienen bolsas.
Se llaman **Marsupiales**.

Un bebé canguro se llama **Joey**.

El bebé de un koala también se llama **Joey**.

El bebé de una zarigüeya también se llama **Joey**.

Y el bebé de un wombat se llama **Joey**... Pero ¿adivinas cómo se llama un bebé ornitorrinco?
Se llama **Puggle**.

GRUPOS DE ANIMALES AUSTRALIANOS

Una **colonia** de wombats.

Un **grupo** de zarigüeyas.

Una **manada** de canguros.

Una **manada** de emúes.

Una **manada** de ornitorrincos.

ANIMALES MARINOS AUSTRALIANOS

A Paco el gatito le gusta mirar todos los peces.

¿Cuántos peces puedes ver en esta ilustración?

¿Dónde está el cangrejo nadador azul? ¿Cuál es la tortuga?

¿Sabes cómo se llama esta emblemática roca australiana?

ULURU

Uluru es el nombre aborigen de esta roca sagrada hecha de arenisca roja. Se formó hace 500 millones de años y es mucho más antigua que los dinosaurios.

Uluru es casi tan alto como el edificio Empire State de Nueva York.

MISHA, LA CACHORRA VIAJERA

La serie **Misha, la cachorra viajera** entusiasma a los más pequeños, llevándoles a vivir aventuras por todo el mundo. **Misha** es un personaje adorable, con un gran sentido del humor y amor por la vida. **Misha** y sus amigos enseñarán a sus hijos e hijas datos básicos sobre distintos países de forma divertida.

ABC	SPAIN	ENGLAND	INDIA	AUSTRALIA
MEXICO	AMERICA	CHRISTMAS	COLOURING 1	COLOURING 2

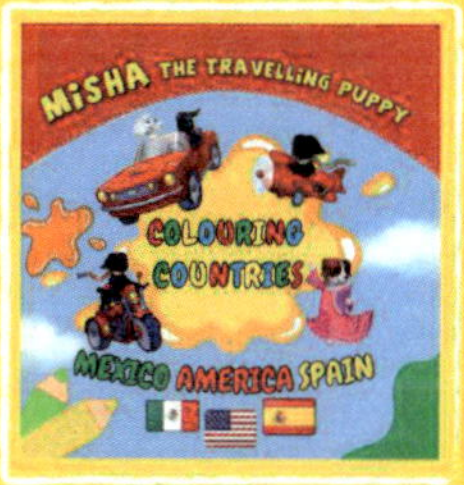

Sobre la autora

www.nataliahooker.com

Natalia Hooker es australiana y vive en España desde 2005. Viajera empedernida y amante de los animales, le apasiona enseñar a los niños diferentes países. Natalia es autora de 15 libros.

© Natalia Hooker (de la obra)
©Apuleyo Ediciones (de esta edición)
Primera edición en Apuleyo Ediciones: junio 2024
Diseño de cubierta: Sofía Corzo González
Corrección: Aitor Andreu Guerrero
Maquetación: Domingo Carrasco Martín
Ilustraciones: Svetlana Pikul
Coordinación editorial: Isidoro Cidre González
info@apuleyoediciones.com
www.apuleyoediciones.com
ISBN: 978-84-1060-145-1
Depósito legal: H 102-2024

Hecho e impreso en España.

Natalia Hooker

APULEYO EDICIONES   FOMENTO DE VALORES   CUENTOS ILUSTRADOS